A manual for Bongojontro

Bishnu Goswami, Ph.D

A manual for Bongojontro

(Dual-Language Edition)

Bishnu Goswami, Ph.D

(How to use this book)

If the programmer takes into account some of these initial tips and information while reading this book, the exercises become a lot more easier:

- As the specific functions take up a major portion of the book, the title of each chapter will be the name of a specific function, unless the title is covered under a bracket.
- Exceptions will have the title under a bracket, as in this chapter. Bracketed title names are not functions and thus cannot be used as such.
- Functions, which currently use Latin alphabets only, are enclosed by underscores (___). Between two of these, the code resides, and can be directly used.
- Specific functions are denoted in Bengali by italics and bold.
- Specific functions are denoted in English, using the Latin alphabet, by

italicizing them. For example," *barta*"(without quotes). Currently, only Latin alphabets are allowed. As elaborated on the next chapter, these must be preceded by the "`" symbol.

- Each statement should be ending with a ";" symbol (without quotes). For loops, which are described in a separate chapter, ";" should never be in front of the first line. If that symbol is placed at that location, the loop will not even start.

- This programming language can be updated one or many times in the feature. Correspondingly, many functions and the way they work might change in the future.

- Legal Disclaimer: This "programming language software" does not come with any guarantee/warranty, including any implied warranty for fitness for a particular purpose. The author of the programming language or the book does not take any responsibility for the same. All users must agree to the included licence agreement before using this product.

<u>**(Instructions for functions)**</u>

The functions to be used for programming must be initiated by a special symbol . This symbol is:

`

This symbol can be found at the top left portion of most keyboards. Using this symbol, one example of a correct usage of a function is:

———
`barta("Nomoskar prithibi);

———
The above code will run properly, but the code below will not.

———
barta("Nomoskar prithibi);

———
It must be kept in mind that usage of this symbol is compulsory for **all**functions.However, these are not applicable for operators, which are a

type of instruction but not a function *per se*. Examples in the succeeding sections will make it clear.

<u>**(Operators)**</u>

Most of the programming is a combination of various mathematical and logical operators. Therefore, we must have a basic understanding of these operators. These are not a specific function, and are a combination of one or more letters. Some of these operators which are supported in this software is given in this table below:

+,-,*,/	Addition, subtraction, multiplication, division.
=	Assignment operator.
==	Compares two variables, returns true if a variable is equal to the other variable.
!=	Compares two variables, returns true if a variable is NOT equal to the other variable.
>	Compares two variables, returns true

	if the value on the left is greater than the value on the right.
<	Compares two variables, returns true if the value on the left is smaller than the value on the right.
&&	Boolean AND
||	Boolean OR
"	Quote for (message) strings.

Example(s)

Application	Result
2+9	11
kau=10;	A value for variable "kau" is set .
6==6	*True*
6!=6	*False*
10>5	*True*
3<10	*True*
jodi(kau==10 && kha==5)	Will check the values of both 'kau' and 'kha' and will return true if

	both conditions are satisfied.
jodi(kau==10 || kha==5)	Will check the values of both 'kau' and 'kha' and will return true if at least one of the conditions is satisfied.
naam="Brojobihari"	'naam' (string)will be "brojobihari".

Conclusion

Operators will be used multiple times in programming. In this section only a few of the major operators were described. There are some others operators too. These operators can be described as a base for the construction of computer programs. Therefore, it is very useful for the programmer to be acquainted and be fluent in the use of these operators.

<u>Barta</u>

In the context of programming, _barta_ can be regarded as one of the simplest commands. Using _barta_, the string inside this function will show up in the computer display like a pop-up letter.

The command _barta_ will show up multiple times in a random program the programmer writes. Therefore, the correct usage of this command should be well-noted by the programmer.

Example(s)

This command should be used in Latin alphabet in the current version of the program. Here, the pop-up message "Nomoskar Prithibi" will be the result while running the code.

`barta("Nomoskar Prithibi");

Conclusion

This command will be used multiple times during programming. There are not many variations to this command. However, for numbers, the use of "(double quotes) is not compulsory. "2+2" will show up as "2+2" itself, when used under this command, but putting 2+2 under this command, without the double quotes, will show up as 4 in the final pop-up message.

Jodi, **Notuba** and **Njdi**

In programming, *jodi* implies a condition. A program can be written and run without the use of conditions. An example of such a program is the display of a simple message. However, for slightly more complex programs, we almost always see the application of some conditions.

Notuba implies the alternative to be followed if the conditions in jodi are not met.

Njdi, implies another alternative, separate from the first *jodi*, and also separate from notuba, the latter being the default if none of the *jodi* and (possible multiple) *notuba*(s) is true.

Using *jodi*, a part of the program can be kept separate from the other parts. For example, let us consider the case when the day of the week is asked to the program operator. If the day is between Monday and Friday, then a pop-up box should display "Working day". If the day is a Saturday or a Sunday, then a pop-up box should display "Holiday", using the command *notuba*. Here, these two pop-up messages are separate from each other. The usage of _Jodi_ and _notuba_ is required for the successful results in this case. If Saturday is to be considered as a half day, _njdi_ can be used to keep that part separate.

This command must be used in Latin alphabet in this version. The Latin command is *jodi*. With this command, the commands*notuba* and *njdi* is used in this example.

Here, a day of the week is inputted and it is determined of the day is a holiday, a half day, or a working day.

_____

```
kau=1
baar=`nau_lekha("Chuti      nirnoi     ","Barti
likhun","sombar");

`jodi(baar=="sombar"||baar=="mongolbar"
||baar=="budhbar"||baar=="brihospotibar"
||baar=="sukrobar")
{
`barta("Din ti kajer din.");
}
`njdi(baar=="shonibar")
{
`barta("Din ti ordhodibosh chutir din");
}
`notuba
{
`barta("Din ti chutir din");
}
```

_____

Conclusion

The commands *jodi, notuba* and *notubajodi* is often required for the creation of a successfully working program. Using these three commands correctly can simplify many complexities in a programming assignment.

Choluk

Inthe current context of programming, _choluk_isan important command. various scenarios in programming calls for the repetition of a command-set multiple times. In those cases, _choluk_ can be very useful as a command.

As an example, using _choluk_, a set of commands 100 lines long can be expressed only in two lines.

_choluk_must be used with a condition. This condition ensures that commands under the ambit of _choluk_continues to run as long as the condition is met. Care must be taken to avoid conditions that can result in an infinite loop, because waiting for an infinite duration is useless.
Jokes aside, unless used with a good reason, programming with infinite loops is wrong.

Example(s)

The command *choluk* is being used here to display the numbers 1 to 10 in 10 consecutive pop-up messages. In programming, it is not required to keep single line statements of a loop under the second-brackets (braces). But as we use two statements under the loop, the second-brackets are necessary.

Currently, the command should be written in the Latin alphabet in the form of *choluk*. In this example, the programmer must also know the usage of the command *barta*.

```
kau=1
`choluk(kau<11)
{
`barta(kau);
kau=kau+1;
}
```

As this loop starts from 1, it must be run until the number 11(where it returns false and the two statements within the loop are ignored). Alternatively, the examples below will also yield the same results. The difference between the operators '<' and '<=' must be kept in mind for these examples.

———

```
kau=0
`choluk(kau<10)
{
`barta(kau);
kau=kau+1;
}
```

———

or,

———

```
kau=1
`choluk(kau<=10)
{
`barta(kau);
kau=kau+1;
}
```

———

Conclusion

This command is very useful for programming. These loops can also be used in a nested set-up, where one loop is inside one or multiple other loops. The value offered by this function, in one word, is exemplary.

Nau lekha

Sometimes while programming, we may require the user to input a string of letters. This can be a name, an address, or some code numbers for a specific use.

Currently, this command should be written in the Latin form, as *nau_lekha*. A default string can be set for this input. If the programmer doesn't want to include a default string, a double quotes ("") can take its place.

It should be kept in mind that this command should not be used to directly input numbers. The returned string should be manipulated if the string is to be manipulated like numbers.

As an example, we can write:

———

naam=`nau_lekha("Nam nothiboddho","Apnar nam likhun","Ajay");

———

Here, a pop-up message will be shown to the user. It will contain the string "Apnar nam likhun" under the heading "Nam nothiboddho". In the input field, the name Ajay will be shown. If the user doesn't change this name, the default value of Ajay will be considered for the variable naam.

If the user deleted the default string, the variable will be containing an empty string(""), as in the example below:

———

naam=`nau_lekha("Nam nothiboddho","Apnar nam likhun","");

———

As these strings are inputted in Latin characters, the distinction between uppercased and lowercased letters are important. If this is not noted, there can be problems when strings are compared.

Conclusion

The cases should be considered when the strings are inputted.

"Ajay" and "Ajay" are same.
"Ajay" and "ajay" are different.
"AJAY" and "AJAY" are same.
"AJAY" and "ajay" are different.

To prevent these mistakes, one of the methods, among many, is to make it clear in the pop-up input box itself. For example,

```
naam=`nau_lekha("Apnar nam likhun,
choto okkore likhben","ajay");
```

can be used.

<u>**Sonkha**</u>

It is often a requirement in a program to get a string from the user and convert it into a number. In those cases, this command is useful.

This command should be entered using the Latin alphabet in the current version of the software. This command should be applied to a string. This string can be declared in the body of the text itself. Alternatively, the user can be asked to input a string containing only numbers.

For the second scenario, the user can be asked to input a string using the command nau_lekha.

Numbers can be added, subtracted and other arithmetical operations can be performed on them. As these are not available for strings, it is important to convert the strings to numbers first.

Example(s)

We can use:

————

khoroch_lekha=`nau_lekha("Khoroch","Ei
masher
khorcha koto taka holo?","5000");

lekha=`sonkha(khoroch_lekha)

————

In the above example, a pop-up input box will be displayed and in the Latin alphabet, the string " Ei masher khorcha koto taka holo?" will be displayed. The default value of 5000 (in string) will also be shown.

It must be well understood that the return from this command will be a string, and not a number. In the last command, the variable lekha will convert the string to a number and save it in that format using the sonkha command. For this code to work correctly, no non-number string should be entered in the pop-up input box. Some trimmings from the string might be necessary from the string if the need arises.

Conclusion

This command creates numbers that can easily be subjected to arithmetical manipulations. It should not be used without a solid reason, however, as entering non-numbers in the string over which this command functions will result in errors.

<u>Lekha</u>

Contrary to the last command, it is sometimes required to take a number and convert it into a string. In those cases, this command is useful.

Currently this command must be inputted using the Latin alphabet. This command should be performed over a number.

Numbers can be used for arithmetic manipulations. But one of the drawbacks of numbers is that they cannot be written one after the other in a message without some explicit separation. The examples will make it clear.

Example(s)

As an example, if we do not use the command *lekha*, as in this code:

```
maine=150;
bonus=100;
`barta("Maine ebong bonus por por likhle :"+maine+bonus);
```

In this example, we will get a pop-up message which will read (currently in Latin alphaberts) "Maine ebong bonus por por likle: 250".

Here, we are not getting the desired results. However, if we use the command at the title of this chapter, we can get the desired results.

```
maine=150;
```

```
bonus=100;
maine_lekha=`lekha(maine)
bonus_lekha=`lekha(bonus)
`barta("Maine ebong bonus por por likhle
:"+maine_lekha+bonus_lekha);
```

___

Conclusion

Using this command we can easily convert a number to a string. This command might seem less useful than converting strings to numbers, but for certain types of programs this is to be used extensively.

<u>Abarsuru</u>

Sometimes, the main program needs to be run again from the start. It can be a tedious job if it is to be done manually. Here, the command *abarsuru* can be of great help.

This command takes no other inputs from the user or the programmer. It is a one word command in full.

Example(s)

As an example, here is a program that carries out adding two numbers , and restarts the application when done.

```
kau=`nau_lekha("Kau","Kau er man likhun","100");
kha=`nau_lekha("Kha","Khu er man likhun","20");
kau_s=`sonkha(kau);
kha_s=`sonkha(kha);
jogfol=kau_s+kha_s;
jogfol_l=`lekha(jogfol);
`barta("Jogfol:"+jogfol_l);
`abarsuru;
```

Conclusion

Using this command, the program can be restarted automatically. For some uses when the time is a high priority, this command might not be fastest. Loops and other ways should be used in those cases.

(বইটি ব্যবহারের রীতি)

বাংলা ভাষায় বিমূর্ত যন্ত্রচলনের এই বইটি পড়ার সময় কয়েকটি রীতির কথা মনে রাখলে কার্য্য সহজ হবে. এই রীতিগুলি হলো :

- যেহেতু নির্দেশ এর সংখায় বেশি এই বইটিতে, বইটির প্রত্যেক পরিচ্ছেদের নামটি একটি বিশেষ নির্দেশ হবে, যদি তা বন্ধনী দ্বারা আবৃত না থাকে.
- যদি পরিচ্ছেদের নাম বন্ধনী দ্বারা আবৃত থাকে (যেমন এই পরিচ্ছেদে), তখন তা একটি বিশেষ নির্দেশ নয়, একটি সাধারণ নাম শুধু.
- নির্দেশসমূহ, যা বর্তমানে ইংরাজি হরফে, ____ দিয়ে আবৃত করে দেখানো হয়েছে. দুটি ____ এর মাঝে আসল নির্দেশসমূহ আছে.
- কোনো বিশেষ নির্দেশকে বাংলা ভাষাতে কাত এবং নিম্নরেখিত হরফে দেখানো হয়েছে. উদাহরণ: *বার্তা.*

- কোনো বিশেষ নির্দেশকে ইংরাজি ভাষাতে কাত হরফে দেখানো হয়েছে. উদাহরণ: *barta*. লেখার সময় বর্তমানে শুধু ইংরাজি হরফই গন্য করা হবে. পরবর্তী পরিচ্ছেদে বর্ণিত "'" চিহ্ন সবসময় এই ইংরাজি হরফের নির্দেশের আগে রাখতে হবে.

- প্রতিটি নির্দেশের শেষে ";" রাখা বাঞ্ছনীয়. ঘুর্ণনের ক্ষেত্রে (অন্য এক পরিচ্ছেদে বর্ণিত) কখনই প্রথম নির্দেশের সামনে ";" রাখতে নেই. তাহলে ঘূর্ণন শুরুই হবেনা.

- এই বিমূর্ত যন্ত্রচালনার বিমূর্ত যন্ত্র ভবিষ্যতে উন্নীত হবার সম্ভাবনা আছে. এই কারণে এই বইয়ে লেখা নিয়মাবলী পরে কিছু অংশে পাল্টাতে পারে.

- আইনত সতর্কীকরণ: এই বিমূর্ত যন্ত্রচালনার বিমূর্ত যন্ত্র কোনো 'গারানটির' সঙ্গে আসছে না. কোনো বিশেষ কাজের জন্যে এটি কার্যকর হতে পারে তার প্রতিশ্রুতি লেখক

দিচ্ছেন না এবং তার দায়ভার ও গ্রহণ করছেন না.

(নির্দেশ নিয়মাবলী)

বিমূর্ত যন্ত্রচালনার যে নির্দেশ সমূহ ব্যবহার করা হবে, তার সবকটিই এক বিশেষ অক্ষর দিয়ে সুরু করতে হবে. এই অক্ষর টি হলো

`` ` ``

এই অক্ষরটি লেখার যন্ত্রের ওপরের বাদিকে দেখা যবে. এই অক্ষরটির নির্দেশের সঙ্গে ব্যবহারের উদহারণ দিলে:

```
`barta("Nomoskar prithibi);
```

উপরোক্ত নির্দেশটি সঠিকভাবে চালিত হবে. কিন্তু নিম্নোক্ত নির্দেশটি সঠিক চালনা সম্ভব নয়.

```
barta("Nomoskar prithibi);
```

এটি মনে রাখতে হবে যে **সমস্ত** নির্দেশের ক্ষেত্রেই এটি প্রযোজ্য. কার্যকারক সমূহের জন্যে এগুলো প্রযোজ্য নয়, যদিও তারাও একপ্রকারের আদেশ. পরবর্তী অধ্যায়ের

উদহারণগুলি দেখলেই এ সম্পর্কে ধারণা স্পষ্ট
হবে.

(কার্যকারক সমূহ)

বিমূর্ত যন্ত্রচালনার অনেকটাই একপ্রকারের অংকের সমষ্টি মাত্র. এই কারণে কার্যকারক সমূহ গুলিকে আমাদের জানা উচিৎ. এটি একটি বিশেষ নির্দেশ নয়, কার্যকারক সমূহ অনেককটি এক বা দুই হরফের গুষ্টি.

বহু কার্যকারক সমূহের *কয়েকটি* নিচের এই সারণী তে দেওয়া হলো :

+,-,*,/	যোগ, বিয়োগ, গুণ , ভাগ.
=	মূল্যপ্রদানকারী কার্যকারক .
==	মূল্য সমান কিনা দেখার কার্যকারক.
!=	মূল্য অসমান কিনা দেখার কার্যকারক.
>	মূল্য বাম দিকে বেশি কিনা দেখার কার্যকারক
<	মূল্য ডান দিকে বেশি কিনা দেখার কার্যকারক

&&	বুলিয়ান 'এবং'
||	বুলিয়ান 'অথবা'
"	বার্তা বন্ধনী

উদাহরণ

প্রয়োগ	ফল
2+9	11
kau=10;	মূল্যপ্রদান হলো kau তে .
6==6	*সঠিক.*
6!=6	*বেঠিক.*
10>5	*সঠিক.*
3<10	*সঠিক.*
jodi(kau==10 && kha==5)	kau এবং kha দুটির মূল্যই দেখা হবে.
jodi(kau==10 || kha==5)	kau অথবা kha যেকোনো একটির মূল্যই মিললে হবে.
naam="Brojobihari"	naam (লেখা)হলো "brojobihari"

পরিশেষ

_(কার্যকারক সমূহ)_ বারংবার ব্যবহার হবে বিমূর্ত যন্ত্রচালোনায়. এখানে কয়েকটি প্রধান কার্যকারক এর বিবরণ দেওয়া হলো, কিন্তু এছাড়াও আরো কয়েকটি আছে. এই কার্যকারক সমূহ এক কথায় বিমূর্ত যন্ত্রচালনার এক ভিত্তি, তাই বারংবার চেষ্টা করে যন্ত্রচালক কে সাবলীল হতে হবে এর ব্যবহারে.

বার্তা

বিমূর্ত যন্ত্রচালনায় '*বার্তা*'কে সবচেয়ে সরল নির্দেশ হিসেবে গণ্য করা যায়. *বার্তা*নির্দেশ ব্যবহার করলে বার্তার বন্ধনীর ভেতরের লেখাটি ফুটে উঠবে একটি বিমূর্ত চিঠির আদলে.

*বার্তা*নির্দেশ বারংবার উঠে আসবে বিমূর্ত যন্ত্রচালোনায়. তাই এর সঠিক রূপ টা জানা জরুরি.

উদাহরণ

*বার্তা*বর্তমানরূপেইংরাজিহরফে *barta* রূপে লিখতে হবে. এখানে "নমস্কার পৃথিবী" বার্তাটি ইংরাজি হরফে ফুটে উঠবে.

```
`barta("Nomoskar Prithibi");
```

পরিশেষ

*বার্তা*বারংবার ব্যবহার হবে বিমূর্ত যন্ত্রচালোনায়. এর বিশেষ রকমফের নেই. তবে সংখ্যা প্রকাশ করতে গেলে " ব্যবহার করতে নেই. "2+2" বার্তা নির্দেশে "2+2" ই দেখাবে কিন্তু 2+2 বার্তা নির্দেশের অভন্তরিনে থাকলে 4 দেখাবে.

যদি, নতুবা এবং নতুবাযদি

বিমূর্ত যন্ত্রচালনায় *যদি*একটি শর্তের নির্দেশ. একটা বিমূর্ত কর্মকান্ড শর্তের অধীন ছাড়াও চলতে পারে. উদহারণ হলো একটি বার্তা প্রকাশ করা. কিন্তু আরো একটু জটিল বিমূর্ত কর্মকান্ডে আমরা প্রায়ই সবসময়ই *যদি*বাএর রকমফের এর উদহারণ পাই.

নতুবা ব্যবহার করে আমরা বিকল্প শর্তে ফিরে যেতে পারি যদি যদির ভিতরের শর্ত না মেলে.

নতুবাযদি আরো একটি শর্তের উল্লেখ করে, যেটি *যদি* বা *নতুবা*'র শর্তের বাইরে. নতুবা চলিত হবে যদি *যদি* এবং এক বা একাধিক *নতুবাযদি*র শর্ত না মেলে.

যদি ব্যবহার করলে বিমূর্ত কর্মকান্ডের একটা অংশ অন্য অংশের থেকে আলাদা করে রাখা যায়. ধরা যাক একটি বার এর নাম ব্যবহারকারীর কাছ থেকে বিমূর্ত কর্মকান্ডটি চাইল. যদি সেই বারটি সোম থেকে শুক্রবার

এর মধ্যে হয়, একটি বাক্সে "কর্মদিবস" লেখাটি ফুটিয়ে তোলার নির্দেশ দেওয়া যায়. যদি বারটি শনি বা রবিবার হয়, তাহলে একটি বাক্সে "ছুটির দিন" লেখাটি ফুটিয়ে তোলা যায়. এখানে এই দুটি লেখা একে অপরের থেকে বিচ্ছিন্ন. *যদি* নির্দেশটি এটির সফল বাস্তবায়ন এর জন্য প্রয়োজন.

যদি শনিবার কে অর্ধদিবস বলে ধরতে হয়, *নতুবাযদি* ব্যবহার করে তা করা যেতে পারে.

উদাহরণ

যদি বর্তমানরূপে ইংরাজি হরফে লিখতে হবে। এর ইংরিজি রূপ হলো *jodi*. এর সঙ্গে *নতুবা*(*notuba*) এবং *নতুবাযদি*(*njdi*)ব্যবহার করা হচ্ছে একই সাথে এই উদাহরণে।

এখানে একটি বার নিয়ে দেখা হচ্ছে সেটিও ছুটির দিন, অর্ধদিবস ছুটির দিন নাকি কাজের দিন।

```
kau=1
baar=`nau_lekha("Chuti          nirnoi          ","Barti
likhun","sombar");

`jodi(baar=="sombar"||baar=="mongolbar"
||baar=="budhbar"||baar=="brihospotibar"
||baar=="sukrobar")
{
`barta("Din ti kajer din.");
}
`njdi(baar=="shonibar")
{
`barta("Din ti ordhodibosh chutir din");
}
```

```
`notuba
{
`barta("Din ti chutir din");
}
```

______

পরিশেষ

যদি, নতুবা এবং *নতুবাযদি* একটি সফল বিমূর্ত কর্মকান্ড করতে প্রায়শই ব্যবহার হবে. যথাউপযোগ ভাবে ব্যবহৃত হলে অনেক জটিল জিনিস সহজ করে ফেলা যায় এই তিনটি বিশেষ নির্দেশ এর সাহায্যে.

চলুক

বিমূর্ত যন্ত্রচালনায় *চলুক*একটি গুরুত্বপূর্ণ নির্দেশ।এইরূপ যন্ত্রচালোনায় অনেক সময় একটি বিশেষ নির্দেশ বহুবার পুনরাবৃত্তি করতে হয়. সেক্ষণে *চলুক*এরমত নির্দেশ খুবই উপকারী. চলুক একপ্রকারের লুপ বা ঘূর্ণন.

উদাহরণস্বরূপ, এই নির্দেশটির ব্যবহারে ১০০ লাইনের নির্দেশ দুটি লাইন এ প্রকাশ করা যায়

.

*চলুক*নির্দেশ ব্যবহারের সময় একটি শর্তের উল্লেখ করতে হয়. যতক্ষণ শর্তটি বহাল থাকবে, ততক্ষণ *চলুক*এর অভ্যন্তরীণ নির্দেশ-সমূহ চলিত হতে থাকবে. সাবধান থাকতে হবে এই শর্তটি যেন অনন্তকালীন না হয়ে যায়, কারণ অনন্তকাল অপেক্ষা করার চেষ্টা বাতুলতা মাত্র. কৌতুক বর্জন করলে, অনন্তকালীন বহাল শর্ত, বিশেষ কারণ ব্যতিত, বিমূর্ত যন্ত্রচালনার এক ভুল রীতি!

উদাহরণ

*চলুক*এখানে ব্যবহার করা হচ্ছে ১ থেকে ১০ সংখ্যা ১০ টি পরপর বার্তায় প্রকাশ করানোর জন্যে, বিমূর্ত যন্ত্রচালনা দিয়ে.নির্দেশ এক লাইনের হলেসেটিদ্বিতীয় বন্ধনীর মধ্যে রাখার প্রয়োজন নেই, কিন্তু এখানে এখানে দুটি নির্দেশ থাকার ফলে তার প্রয়োজন আছে.

বর্তমানরূপে *চলুক*ইংরাজি হরফে *choluk*রূপে লিখতে হবে. এখানে *barta*নির্দেশটির ব্যবহার সম্পর্কেও জানতে হবে.

```
kau=1
`choluk(kau<11)
{
`barta(kau);
kau=kau+1;
}
```

যেহেতু ১ থেকে শুরু হচ্ছে ঘূর্ণনটি, সেহেতু ১১ এর আগে অব্দি এটাকে চালাতে হবে. প্রকারন্তরে, নিচের উদহারণগুলিও একই ফল দেবে . '<' এবং '<=' এর তফাতটি খেয়াল রাখতে হবে.

```
kau=0
```

```
`choluk(kau<10)
{
barta(kau);
kau=kau+1;
}
```

______

বা,

______

```
kau=1
`choluk(kau<=10)
{
`barta(kau);
kau=kau+1;
}
```

______

পরিশেষ

চলুক এর মত ঘূর্ণন খুবই প্রয়োজনীয় একটি বিষয় বিমূর্ত যন্ত্রচালনায়. এই নির্দেশ অনেক সময় একটির ভেতর একটি করেও লেখা যায়. এর মূল্য এর কথায় বলতে গেলে অপরিসীম .

নাও লেখা

বিমূর্ত যন্ত্রচালনায় অনেক ক্ষেত্রে একটি লেখা যন্ত্র ব্যবহারকারীর কাছ থেকে নিতে হয়. সে লেখা কারুর নাম বা ঠিকানা হতে পারে. এছাড়া লেখাটি কোনো কোড নম্বর ও হতে পারে.

বর্তমানে এই নির্দেশটি ইংরিজি হরফে nau_lekhaরূপে লিখতে হবে. এই নির্দেশ এ একটি লেখা রাখা যায় যেটি কোনো লেখা না দিলেও গ্রহণ করা হবে. এই লেখাটি না নিতে হলে ওই বিশেষ লেখাটির জায়গায় "" রেখে দিতে হবে.

এটি খেয়াল রাখা প্রয়োজন যে সংখ্যার ক্ষেত্রে নাও লেখা ব্যবহার করতে হলে লেখাটিকে সংখ্যায় আগে রূপান্তর করতে হবে. তারপর সেটি কে যোগ বিয়োগ বা অন্য সংখ্যার সঙ্গে তুলনা করা যাবে.

উদাহরণ

উদাহরণস্বরূপ :

___

```
naam=`nau_lekha("Nam
nothiboddho","Apnar nam likhun","Ajay");
```

এই ওপরের উদাহরণে একটি বার্তা বাক্স ফুটে উঠবে, তাতে লেখা থাকবে "আপনার নাম লিখুন". তার নিচে বাক্সে অজয় নামটা লেখা থাকবে যা পাল্টানো যাবে. কোনো নাম না দিলে অজয় নাম তাই ধরা হবে "নাম" এর জন্য .

নিচের উধারণে কোনো নাম না দিলে কিছুই ধরা হবে না. এক্ষত্রে নাম হবে ""(একপ্রকারে (পাটিগণিত রূপে নয়) শুন্য).

___

```
naam=`nau_lekha("Nam
nothiboddho","Apnar nam likhun","");
```

___

এই নামগুলো যেহেতু ইংরিজি হরফে গ্রহণ করা হয়, সেহেতু এগুলি বড় অক্ষরে নাকি ছোট অক্ষরে তার খেয়াল রাখতে হবে. অন্যথায় অন্য কোনো লেখার সঙ্গে তুলনায় অসুবিধা হতে পারে.

পরিশেষ

বড় অক্ষর এবং ছোট অক্ষরের পার্থক্য খেয়াল রাখতে হবে লেখা নেবার সময়.

"Ajay" এবং "Ajay" একই
"Ajay" এবং "ajay" এক নয়.
"AJAY" এবং "AJAY" একই
"AJAY" এবং "ajay" এক নয়.

এই ভুলগুলি যাতে না হয় তার একটি উপায়, অনেকগুলির মধ্যে, হলো স্পষ্ট করে বলে দেওয়া .উদাহরণস্বরূপ :

```
naam=`nau_lekha("Apnar nam likhun, choto okkore likhben","ajay");
```

সংখ্যা

বিমূর্ত যন্ত্রচালনায় বহুক্ষেত্রে যন্ত্রচালক এর কাছ থেকে একটি লেখা নিয়ে টা সংখ্যারূপে গণ্য করার প্রয়োজন হয়. এক্ষেত্রে এই বিশেষ নির্দেশটি কাজের.

বর্তমানে এই নির্দেশটি ইংরিজি হরফে sonkaরূপে লিখতে হবে. এই নির্দেশ একটি লেখার ওপর প্রয়োগ করতে হয়. প্রথমে এই লেখাটিকে nau_lekha নির্দেশ দিয়ে নিতে হয় যন্ত্রচালক এর কাছ থেকে.এর পরিবর্তে লেখাটি বিমূর্ত যন্ত্রচালনার লেখনীর মধ্যেই জাহির করা যায়.

সংখ্যা কে যোগ বিয়োগ বা সংখ্যার অন্যান্য গাণিতিক রূপান্তর করা সম্ভব. যেহেতু এইরূপ রূপান্তর সম্ভব নয় লেখার জন্যে, সেহেতু সংখ্যা তে পরিবর্তন করা জরুরি.

উদাহরণ

উদাহরণস্বরূপ :

```
khoroch_lekha=`nau_lekha("Khoroch",""Ei masher khorcha koto taka holo?","5000");

lekha=`sonkha(khoroch_lekha)
```

এই ওপরের উদাহরণে একটি বার্তা বাক্স ফুটে উঠবে, তাতে লেখা থাকবে (বর্তমানে ইংরাজি হরফে) "এই মাসের খরচা কত টাকা হলো?". তার নিচে বাক্সে ৫০০০ টাকা লেখা থাকবে যা পাল্টানো যাবে। কোনো কিছু না লিখে OK বোতাম টিপলে ৫০০০ নেব হবে khoroch_lekhar এর জন্য .

এটি ভালো করে খেয়াল রাখতে হবে যে এই নির্দেশটি থেকে প্রাপ্ত লিখনটি লেখা হিসেবে গণ্য হবে. শেষ লাইন এর নির্দেশে এটি সংখ্যারূপে পরিবর্তিত হবে, যেটা lekha তে সংরক্ষণ করা থাকবে . এই নির্দেশ ব্যবহার করতে গেলে কখনই সংখ্যা ছাড়া অন্য কিছু

দেওয়া যাবে না লেখাটিতে .কাটছাট করে নেবার প্রয়জন হতে পারে যদি Rs. বা অন্য কোনো অ-সংখ্যা লেখাটিতে থাকে.

পরিশেষ

এই নির্দেশে যে সংখ্যা তৈরী হবে তাকেসহজেই যোগ,বিয়োগ, গুণ, ভাগ ইত্যাদি গাণিতিক রুপান্তরে ফেলা যাবে. বিশেষ কারণ ছাড়া অবশ্য এটি ব্যবহার করতে নেই, কারণ সংখ্যা ব্যতিত অন্য কিছু ঢোকালে সংকট দেখা যাবে এই নির্দেশে.

লেখা

বিমূর্ত যন্ত্রচালনায় বহু ক্ষেত্রে যন্ত্রচালক এর কাছ থেকে একটি সংখ্যা নিয়ে সেটিকে লেখারুপে গণ্য করার প্রয়োজন হয়. এক্ষেত্রে এই বিশেষ নির্দেশটি কাজের.

বর্তমানে এই নির্দেশটি ইংরিজি হরফে lekhaরুপে লিখতে হবে. এই নির্দেশ একটি সংখ্যার ওপর প্রয়োগ করতে হয়.

সংখ্যা কে যোগ বিয়োগ বা সংখ্যার অন্যান্য গাণিতিক রূপান্তর করা সম্ভব. কিন্তু সংখ্যার একটি অসুবিধা হলো যে তাদের পরপর একটি বার্তায় প্রকাশ করা যায় না. উদাহারণ দেখলেই এ সম্পর্কে ধারণা স্পষ্ট হবে.

উদাহরণ

উদাহরণস্বরূপ, যদি লেখা নির্দেশ টি ব্যবহার না করা হয়, যেমন এই নিচে :

```
maine=150;
bonus=100;
`barta("Maine    ebong    bonuspor    por
likhle:"+maine+bonus);
```

এই ওপরের উদাহরণে একটি বার্তা বাক্স ফুটে উঠবে, তাতে লেখা থাকবে (বর্তমানে ইংরাজি হরফে) "মাইনে এবং বোনাসপরপর লিখলে : ২৫০ "

বলাই বাহল্য, সঠিক ফল আমরা পেলাম না। এখানে lekhaনির্দেশ টি ব্যবহার করলে, যেমন নিচের উদাহরণে, আমরা সঠিক ফল পাব।

```
maine=150;
bonus=100;
```

```
maine_lekha=`lekha(maine)
bonus_lekha=`lekha(bonus)
`barta("Maine    ebong    bonus    por    por
likhle:"+maine_lekha+bonus_lekha);
```

___

পরিশেষ

এই নির্দেশে সংখ্যা কে সহজেই লেখা তে রূপান্তর করা যাবে. আপাতদৃষ্টিতে লেখা থেকে সংখ্যায় রূপান্তর অনেক বেশি উপকারী বলে মনে হতে পারে, কিন্তু বিশেষ বিশেষ কাজের জন্যে এই নির্দেশ বারংবারই ব্যবহৃত হয়.

আবারশুরু

বিমূর্ত যন্ত্রচালোনায় কয়েক ক্ষেত্রে মূল বিমূর্ত যন্ত্রটিকে বারংবার চালাতে হয়. এটি বেশ কষ্টসাধ্য হতে পারে যদি এটি স্পৃশ্যভাবে করতে হয়. এখানে, আবারশুরু নির্দেশটি খুবই কাজের হতে পারে.

এই নির্দেশটি অন্য কোনো কিছু নেয়না মূল যন্ত্রচালক বা সাধারণ জন্ত্রচালক এর কাছ থেকে. এটি একটিমাত্র শব্দের নির্দেশ.

উদাহরণ

উদাহরণস্বরূপ, এখানে একটি বিমূর্ত যন্ত্র দেখানো হচ্ছে যা দুটি সংখ্যা যোগ করে, এবং যন্ত্রটিকে আবার শুরু করায় বন্ধ করার পর.

```
kau=`nau_lekha("Kau","Kau er man
likhun","100");
kha=`nau_lekha("Kha","Khu er man
likhun","20");
kau_s=`sonkha(kau);
kha_s=`sonkha(kha);
jogfol=kau_s+kha_s;
jogfol_l=`lekha(jogfol);
`barta("Jogfol:"+jogfol_l);
`abarsuru;
```

পরিশেষ

এই নির্দেশ ব্যবহার করে বিমূর্ত যন্ত্রকে অস্পৃশ্য ভাবে নিশ্চল করে আবার সুরু থেকে সচল করা যাবে. যে ক্ষেত্রে সময় খুবই মূল্যবান, এই নির্দেশটি সর্বপেক্ষ তাড়াতাড়ি নাও হতে পারে. তখন ঘূর্ণন বা অনান্য উপায় ব্যবহার করলে ভালো হয়.